AF436817

Table of Contents

Árnyéktűrő paradicsomfajták

28 fajta, 7 tanács és motiváció árnyékban termesztéshez

ÁRNYÉKTŰRŐ PARADICSOMFAJTÁK:
28 FAJTA, 7 TANÁCS ÉS MOTIVÁCIÓ ÁRNYÉKBAN
TERMESZTÉSHEZ
MÁSODIK KIADÁS. 2023. OKTÓBER 1.

Nagymamámnak.

Tartalom

Bevezetés

Egy nagyon tiszta és világos emlék hasít belém néhány évtizeddel ezelőttről: hat éves vagyok, Erdélyben, a nagyszüleim falujában. Egy napsütéses reggelen a hátsó udvarba igyekszem, ahol a méhkaptárok voltak és mindenféle zöldséget és gyümölcsöt termesztettek. Végül odatalálok, letépek egy hatalmas, érett paradicsomot, kizárom az időt, elfelejtek mindent. belenyomom az arcomat és átadom magamat annak a paradicsomnak. Olyan finom az illata, mint semmi másnak; Úgy érzem magam, mintha egy teljesen más világba csöppentem volna, és addig majszolom amíg el nem fogy teljesen. Minden mást továbbra is kizárva már a következőn jár az eszem. De néhány perccel később az idilli pillanat szertefoszlik, ahogy a méhek ébredni kezdenek és megkezdik napi rutinjukat. Egyre forróbb a helyzet: úgy érzem kis repülő bogarak ezrei csak engem akarnak elkapni, így tudatosul bennem, hogy ideje visszaosonni a házba.

Valószínűleg ez a rövid, álomszerű emlékem az első a paradicsomról! A nyári hangulat, annak a paradicsomnak az íze és illata, és a gondolat, hogy titokban hogyan lopództam be érte és szereztem meg, mind ennek a pillanatnak az újraélésére ösztökél. Ezen vágyam, hogy visszakerülhessek ebbe az idilli pillanatba, rendre visszatér. Időgép híján be kell látnom, hogy valamit tennem kell azért, hogy ezt az emléket újraélhessem, s mint rájöttem ennek a legkézenfekvőbb módja a paradicsomültetés és -termesztés, körülményektől függetlenül. Visszatérve a mába: boldogan jelenthetem, hogy ez megtörtént; évek óta többször is, újra és újra, és egyre nagyobb sikerrel és örömmel teszem.

Jut eszembe a magyar paradicsom szó a "paradicsom almája" kifejezésből származik. A növény „alma" nevét máig őrzi az olasz megnevezése (pomodoro, azaz „aranyalma"). A paradicsom spanyolul tomate, azték eredetű szó: a spanyol hódítók az Amerikából hozott gyümölcs eredeti azték nevét xitomatl-ként ismerték. Ez a szó aztán sok európai nyelvre átterjedt: például franciául és németül tomate, angolul tomato.

De hogyan jellemezném a jelen körülményeit? Nagyszerűek, de nem annyira, mint annak idején: Erdély hatalmas dimbes-dombos mezőivel ellentétben ma Magyarország fővárosa, Budapest mellett lakunk. Ez a vidék szükségszerűen sűrűbben lakott, a kertünk apróbb és árnyékosabb. Azonban rájöttem, hogyan lehet paradicsomot termeszteni ebben az új környezetben, és megtaláltam azokat a paradicsomfajtákat is, amelyek jól bírják az árnyékot.

Tulajdonképpen ez az oka annak, hogy megírtam ezt a kis könyvet... hogy motiváljalak benneteket azzal, hogy megosztom tapasztalataimat és bemutassam azokat a fajtákat melyek árnyékos környezőben mindenképp szóba jöhetnek. Megmutatom azt is, hogy a paradicsomot még nem a legoptimálisabb paraméterek mellett is lehet termeszteni. Nem az a célom, hogy a paradicsomtermesztés minden aspektusát lefedjem, sokan kipróbálták már, és nagyszerű paradicsom-szakirodalom áll rendelkezésre, ezek legjobbjairól a könyv végén említést is teszek.

A könyv célja tehát:

1. hogy motivációt nyújtson egy kis kertészkedésre, még akkor is, ha csak egy pici és árnyékos hely áll csak rendelkezésre,

2. hogy bemutassam azokat a fajtákat, amelyekkel érdemes árnyékos környezetben is próbálkozni.

Ez a könyv határozottan azoknak a paradicsomkedvelőknek szól, akiknek nem a legjobb a környezetük, de mégis ki akarják próbálni a paradicsomtermesztést, és szeretnének sikereket elérni az árnyékos területükön!

Miért érdemes kipróbálni?

Még akkor sem kell lemondani a kertészkedés és a paradicsomtermesztés örömeiről, ha kicsi és árnyékos hely áll rendelkezésre. Én pontosan ezt csinálom már öt éve.

Évekkel ezelőtt költöztünk egy Budapest melletti faluba, egy kis kertes házba. Az egész terület meglehetősen árnyékos, alig pár négyzetméter, és nagyon közel vannak a hatalmas leylandi ciprusaink és szomszédos házak. A teljes telek mérete összesen 300 négyzetméter, de ezen áll a ház, egy garázs, egy kerti tároló, a terasz, valamint egy autóbeálló is, így összességében maga a kert alig 100 négyzetméter lehet. Ezen az apró és árnyékos területen van alma, cseresznye, füge, szőlő, som, szeder, kamcsatkai mézbogyó, fehér, fekete és piros ribizli, eper, málna, josta, egres és áfonya. Ugyanakkor minden évben többféle zöldséget és fűszernövényt is ültetünk (például tárkonyt, curryt, rozmaringot, petrezselymet, metélőhagymát, fokhagymát, erőspaprikát stb.), illetve természetesen paradicsomot (évente kb. 30 palántát, kb. 10 fajtát).

Idén 16 fajtát ültettem, mindegyikből 4-et, így maximum 64 palántával indítok, ezekből többet el fogok ajándékozni, mivel 30-nál több paradicsomot nehezen tudnék elhelyezni a kertben.

Már kíváncsian várjuk, hogy a magok kikeljenek. Miközben a magokat ültettem, négyéves kislányom érdeklődve jött megkérdezni: mit csinálok? Egyből hozzá is tette meglepetésemre: tigrisparadicsomot ültetsz? Emlékezett tavalyról a kedvenc fajtájára, ezt a fajtát ugyanis rendszeresen zsákmányolta! Valahogy úgy, ahogyan én, annak idején

Erdélyben a nagyszüleim kertjében. Óriási öröm benne is felismerni a paradicsomok iránti érdeklődést és vágyakozást.

Hogy még tovább menjek, az egyik barátom egy negyven négyzetméteres lakásban lakik a feleségével együtt. A lakáshoz nem tartozik terasz, csak egy árnyékos függőfolyosó. Minden évben mindenféle növényt ültetnek a folyosóra. Ők a saját körülményeikhez képest próbálkoznak, de ha ők ennyire nem optimális körülmények között is évről évre sikereket érnek el, te miért ne próbálnád meg?

Ráadásul nem kell nagyon sok maggal vagy palántával kezdeni, el lehet kezdeni egyetlen növénnyel, amihez egyetlen vetőmag kell (OK, a biztonság kedvéért talán kettő vagy három). Kipróbálhatod kicsiben és egy szezon alatt megtudhatod, hogy ez a hobbi mennyire passzol hozzád. Rá fogsz jönni, hogy még a nagyon apró lépések is csodálatos kalandot és élményt nyújtanak!

A paradicsom ültetésének előnyei

Az előnyök nagyon egyszerűen három szóban: aktív pihenés, élvezet és szórakozás.

Az aktív pihenésre esetemben akkor kerül sor, amikor elkezdem összeszedni az ültetéshez szükséges dolgokat. Magyarországon ez az év elején, február tájékán kezdődik. Elülteted a magokat, és amikor kinőnek, kihelyezed a szabadba, a kertbe vagy a teraszra, vagy bárhová, ahol vizet és napfényt kapnak. Az a lazítás benne, hogy teljesen mást csinálsz, mint amit a napi munkád során megszoktál, valami teljesen mást, amit a munkahelyeden csinálsz, ez kikapcsol, elvonja a figyelmed, kis mozgással is jár, kiszakít. Ez a relaxációs tevékenység napi szintűvé formálódik és csak október környékén ér véget, amikor a legutolsó paradicsom is beérik. Bármivel törődni, akár csak egy növénnyel is, igazán pihentető tevékenység tud lenni!

A szórakozás része az, amikor a paradicsom elkezd teremni, és te valószínűleg családod tagjaival együtt alig várod, hogy előálljon a végeredmény. Szórakoztató és kellemes érzés, amikor napról napra látod, ahogyan nőnek a növények és rajtuk majd először a virágok, majd a paradicsomok. Ha gyerekeid is vannak, nagyon szórakoztató együtt öntözni őket, és ha ők is rászoknak, akkor az ültetéstől a nevelésen át a szüretig megtanuljak a gondoskodást, a törődést, megtanulják értékelni azt, amit megesznek és megtanulják, mindez hogyan áll elő, mi szükséges hozzá.

Az élvezet és öröm fejezet akkor érkezik, ha megkóstolhatod a saját termesztésű paradicsomodat. Kiválasztasz egyet és elfogyaszthatod úgy, ahogy van, vagy finom salátát készíthetsz belőle, illetve még ezerféle más módon is felhasználhatod. Az első paradicsom általában nagy kincs, ezt alig várod majd, hogy megoszthasd valakivel, a családdal vagy egy baráttal. Élvezni fogod a több hónapig tartó munka gyümölcsét. Rá fogsz jönni, hogy micsoda ízbéli különbség van a saját és egy tipikus szupermarketben megvásárolható paradicsom között. A különbség olyan hatalmas, hogy alig várod, hogy a következő termést begyűjthesd és év végén újra és újra kezdhesd!

Az árnyék előnyei

Ne felejtsd el, hogy az árnyéknak és a kis helynek is megvannak az előnyei. A globális felmelegedés idején a nyarak egyre melegebbek, ellentétben azzal, amit sokan gondolnak, a paradicsom nem szereti a meleget [1]. A zöldségek, köztük a paradicsom árnyékolása nem szokatlan dolog a melegebb éghajlaton (például Európa és az Egyesült Államok déli részein) [2]. Az árnyékolás egy jó módja annak, hogy a növényeket a nyári melegben is termően tartsuk, vagy legalább csökkentsük az őket érő stresszt. Amikor a hőmérséklet napközben 30 C fölé melegszik, vagy túl melegek az éjszakák, sok növény, különösen a zöldségfélék, beleértve a paradicsomot is, elhullathatja a virágait. Így a közvetlen napfénynek való kitettség csökkentése előnyökkel járhat, csökkentheti a kiszáradás és a stressz kockázatát.

Az árnyék hátrányai

A legtöbb paradicsomfajtának napi 8 óra közvetlen napfényre van szüksége a legjobb eredmény eléréséhez, de több fajta elviseli a részleges árnyékot. Érdemes felkészülni arra, hogy az árnyékban termesztett növényeknek általában kisebb és kevesebb a termése, és tovább tart az érési folyamat. Ezért a legjobb eredményt a kisebb fajták, például a koktélparadicsom termesztése adja, de jó termés részleges árnyékban nagyobb paradicsomfajtákkal is elérhető. Annak érdekében, hogy terméshozam szempontjából elérjék potenciáljukat, fontos, hogy a további tényezők, mint például a vízellátás, a tápanyagok és a légáramlás a lehető legoptimálisabbak legyenek, ha a paradicsomot árnyékban termesztjük [3].

Bár sok paradicsomfajta alkalmas árnyékos helyen való termesztésre, a kertészek gyakran alacsonyabb hozamról számolnak be. Érdemes arra is felkészülni, hogy a paradicsom árnyékban termesztése általában magasabb megbetegedési arányt eredményez [4].

Hét tanács az árnyékhoz való alkalmazkodáshoz

Nem fogok hazudni, a paradicsom szereti a napsütést. Ráadásul a paradicsomnak megfelelő méretű hely is kell. Mégis hogyan lehet paradicsomot termeszteni kicsi és árnyékos helyen? Lássuk a legkézenfekvőbb lehetőségeket!

A paradicsom szokásos napfényigénye körülbelül napi 8 óra. Tudjuk, hogy a napfény a fotoszintézis folyamata során energiává alakul. Így van ez a paradicsomnál is: a fotoszintézis során a paradicsom elnyeli a nap energiáját, melyet felhasznál a cukor vagy glükóz képzésénél. Az így képzett cukrot aztán a növény növekedéséhez és fejlődéséhez és gyümölcsképzéshez használja.

Árnyékos a kis helyed, melyet paradicsomtermesztésre szántál? Amennyiben igen, valószínűleg nem éri majd napi 8 óra természetes fény. A jó hír az, hogy a paradicsom egy gyorsan növekvő növény! A szokásos termőre fordulási időszak 90-150 nap között alakul egy átlagos fajtánál. Ez azt jelenti, hogy ha körültekintően választod ki a paradicsomfajtákat, jól hajtod végre a folyamatot és sok napsütést kap, akkor 3-4 hónap alatt már hozzá is juthatsz a saját termesztésű paradicsomodhoz.

De hogyan lehet mégis kompenzálni a 8 óránál kevesebb napsütést? Nos, számos paraméterrel lehet játszani:

- Rövidebb életciklusú paradicsomfajták kiválasztása. Igen, vannak 90 napnál rövidebb életciklusú fajták. Olyan paradicsomokat is be fogok mutatni, amelyeknek csak 50-60 nap kell, micsoda különbség! A rövidebb érési idő alatt a paradicsom még mindig fogja megkapni a napi 8 órás napsütést, de az ajánlott napszámhoz képest hosszabb idő, több nap áll rendelkezésére a növekedéshez.

- Kísérletezzünk új helyeken a termesztéssel! Lehetséges lenne paradicsomot termeszteni egyszerűen az ablakpárkányon? A válasz nyilvánvalóan igen, mindössze a konténeres termesztést kell helyesen elvégezni, és gondosan kell kiválasztania az erre alkalmas paradicsommagot. A törpe fajták erre a célra tökéletes megoldást nyújtanak!

- Megfelelő táptalaj és vízellátás: én nem vagyok a kemikáliák híve, így a tápoldatokat se kedvelem különösképpen. Ezért igyekszem mindig egy jó komposztréteggel indítani, erre tökéletes az előző években összegyűlt komposzt felhasználása. Amellett, hogy tápanyagban gazdag, megfelelő rétegezéssel nedvesen tartja a növény gyökerét és így biztosítja a megfelelő vízellátást.

- Vertikális irányba való terjeszkedés elősegítése: több konyhakertben tapasztaltam, hogy a paradicsom felfelé terjeszkedését sok esetben elhanyagolják! Az első években én is hanyagoltam a témát, de aztán arra lettem figyelmes, hogy a használt eszközeim (tipikusan túl rövidre tört nádat használtam akkoriban) rendre túl rövidnek bizonyulnak, pedig milyen jó szolgálatot tesznek a hosszú paradicsomkarók, ezek segítségével a növény felfelé törekedhet, ahol szinte biztosan több napfény is éri!

- Megfelelő időzítés a magok elvetésére és kiültetésre: bár ez nekem nagyon nehezen megy, mindig nagyon készülök arra, hogy elvethessem a magokat, ezeknek mégis teljesen megfelel a március hónap. Legyünk türelmesek a paradicsommagokkal, ha túl korán ültetjük, akkor a kevés napsütéstől és melegtől a száruk megnyúlhat, így gyengébb palántákat kapunk. Ráadásul sokkal hamarabb kellene őket kiültetni. A túl korai kiültetés viszont fagyásveszélyt rejt. Azt a paradicsompalántát, amelyet hideg éri kiültetés után nagyon nehéz később jó termésre ösztökélni.

- Kacsolás: a kacs az az oldalhajtás, mely a növény a szára és levele közé nő. Ez energiát von el a növénytől, kevésbé lesz szellős, kevésbé éri nap a növény többi részét. Ezért ne féljünk ezeket rendszeresen ellenőrizni és eltávolítani, különösen, ha eleve árnyékos helyen adtuk fejünket paradicsomtermesztésre.

- Kiültetéskor ne féljünk a paradicsomot mélyre ültetni! A paradicsom más növényekkel (pl. a paprikával) ellentétben egyáltalán nem érzékeny arra, ha túl mélyre ültetjük. Ebben az esetben a földel takart szár részből újabb gyökereket ereszt, mely elősegíti a táplálék- és vízfelvételt.

A magok beszerzése

Most már tudod, hogy paradicsomőrült vagyok. Őrület, hogy évről évre mennyire rabja leszek ezeknek a csodálatos zöldségek ültetésének és termesztésének. (A paradicsom egyébként botanikai értelemben gyümölcs, mert magokat tartalmaz, és a paradicsom a növény virágából nő ki, azonban a paradicsomból jellemzően ételeket készítünk, ezért kulináris szempontból zöldségként szokták jelölni [5],[6]). Visszatérve a magok beszerzéséhez, első lépésként elkezdhetjük a szupermarketekből származó magvakkal, ez a lehető legegyszerűbb első lépés. Második lehetőségként érdemes menni a kertészeti boltokba, ahol rengeteg fajtát találsz majd a kezdéshez (pl. San Marzanot vagy Black Cherryt biztosan találsz az átlagos kertészeti boltokban is). Abban az esetben azonban, ha valóban különleges fajtákat keresel, érdemes megnézni az erre szakosodott boltokat. A Pomidorlandia [7], a Totally Tomatoes [8], a Jung Seeds [9], a Baker Creek [10] vagy a T&T Seeds [11] jó kiindulópont lehet. Végül a megoldás, amelyet általában én választok: helyi kertészeti online fórumok. Az ilyen fórumok óriási előnye, hogy vetőmag vásárlás előtt rengeteg kérdésre választ kaphatunk, illetve követhetjük mások tapasztalatait is. Emellett az is elég gyakori, hogy a szakértők sokféle vetőmagot árulnak a jól ismert márkák árának töredékéért. Az egyik nagyszerű fórum, ahonnan paradicsomot vásárlok, a Magyar Paradicsomtermesztők Facebook-csoport [12], ahol többen 20-25 magos csomagolásban árulnak magokat 250-450 forintos áron. Ezeknek a helyi eladóknak gyakran több tucat vagy többszáz ritka típusú magjuk van. Az online fórumokról való vásárlás egyik hátránya, hogy a beporzás nem biztos, hogy olyan pontosan biztosított, mint a hivatalos vetőmagtermelőknél, de ez tapasztalataim szerint nem jelent nagy kockázatot. A könyv hátralévő részében rátérek a konkrét fajták bemutatására.

San Marzano

Fő paraméterek

Gyümölcs színe: **élénkpiros;** Csírázás: **7 - 21 nap;** Érés: **80 nap;**
Determinált vagy nem determinált: **nem determinált;**
Hibrid / nyílt beporzású: **Nyílt beporzású**

Leírás

Ez az az paradicsom, amelyet mindenkinek ki kell próbálnia. Hatalmas múltja van, és ami a legfontosabb: a San Marzano többféle variánsa sikeresen termeszthető árnyékos, kis helyeken, nem csak saját tapasztalataim, hanem a legtöbb vetőmagkereskedő szerint is.

A San Marzano paradicsom régóta az olasz szakácsok kedvence. A paradicsomfajta az olaszországi Campaniában, a Vezúv és a San Marzano sul Sarno környékén őshonos, egyedülálló íze és állaga miatt évszázadok óta termesztik.

A San Marzano fajta a feltételezések szerint az eredeti pomo di oro – vagyis „aranyalma" – paradicsom leszármazottja, amelyet eredetileg Amerikából hoztak Olaszországba a 16. században. Alakja hosszúkás, színe élénkvörös. Ez a fajta jellegzetes íze miatt keresett, mivel édesebb és kevésbé savas, mint más paradicsomfajták. A San Marzano a magasabb cukortartalmáról és magas likopin-koncentrációról is ismert, utóbbi egy erős antioxidáns, amely segíthet megvédeni a rák és a szívbetegségek ellen. Valójában a legújabb tanulmányok szerint akár háromszor több likopint tartalmazhat, mint a hagyományos paradicsom, így még egészségesebb választás!

A San Marzano gazdag A- és C-vitaminban, káliumban, folsavban, vasban, magnéziumban és kalciumban is – ezek mind fontos tápanyagok az általános egészséghez és jóléthez. Számos különféle receptben felhasználható, a szószoktól a salátákig.

A világ szakácsainak körében elért népszerűségének köszönhetően a San Marzano az egyik legszélesebb körben termesztett paradicsomfajtává vált Olaszországban. Valójában sokan azt állítják, hogy az autentikus olasz pizzériák nem is használnak mást a pizzájukhoz [13]!

A San Marzano vásárlásakor érdemes a DOP (védett eredetmegjelölés) felirattal ellátott paradicsomokat választani. Ez azt jelenti, hogy az olasz törvények értelmében is eredeti termékről beszélünk.

Összességében a San Marzano paradicsom kiváló kiegészítője bármely receptnek, köszönhetően édes ízének, valamint számos egészségügyi előnyének. Akár egy finom pizzafeltétet keresel, akár csak olyat, amely több tápanyagot tartalmaz, mint a hagyományos élelmiszerboltokban kapható fajták – egyszerűen nem tévedhetsz ezzel a paradicsomfajtával!

Redorta

Fő paraméterek

Gyümölcs színe: **piros;** Csírázás: **7 - 21 nap;** Érés: **78 nap;**
Determinált vagy nem determinált: **nem determinált;**
Hibrid / nyílt beporzású: **Nyílt beporzású**

Leírás

A Pizzo Redorta hegyről elnevezett Redorta paradicsom (mely San Marzano Redortaként is ismert) az olaszországi Bergamóból származik, sokkal jobb ízvilágú, mint unokatestvére, a San Marzano, szokatlan formájáról és gazdag ízvilágáról híres. A Redorta közepes méretű, kerek, kissé hosszúkás, paprikára emlékeztető formájú, enyhén húsos, édes, enyhén savas ízű paradicsom.

A kertészek és a házi szakácsok nagyon szeretik a Redorta paradicsomot, mivel salátáktól és szendvicsektől a szószokig és pörköltekig bármihez felhasználhatók. A kertészek körében különösen népszerű nagyon egyszerű növekedési szokásai miatt, minimális törődést igényel és betegségekkel szemben ellenálló.

Black cherry

Fő paraméterek

Gyümölcs színe: **fekete cseresznye;** Csírázás: **7 - 21 nap;** Érés: **70 nap;**

Determinált vagy nem determinált: **nem determinált;**

Hibrid / nyílt beporzású: **Nyílt beporzású**

Leírás

A black cherry (fekete cseresznye) paradicsom sokkal több, mint egy lenyűgözően sötét, majdnem fekete kiegészítő bármely salátához – ez a fajta inkább a paradicsom szerelmeseinek legnagyobb öröme! Termései nemcsak kicsik, édesek és kevésbé savasak, mint más fajták, hanem egyedülállóan ellenállóak a kártevőkkel és a betegségekkel szemben. A növény determinált, és általában csak körülbelül 1 méter magasra nő, így még a kisebb terekkel rendelkezők is élvezhetik a fekete koktélparadicsom minden előnyét.

A fekete koktélparadicsom kiváló választás azoknak a kertészeknek, akik egy tápláló zöldség egészségügyi előnyeit szeretnék kihasználni. Amellett, hogy kiváló a terméshozama, nagy gyümölcsfürtöket hoz létre, és tele van létfontosságú vitaminokkal és ásványi anyagokkal. A C-vitaminban, A-vitaminban és likopinban gazdag paradicsom magas antioxidáns-tartalommal rendelkezik, gyulladásgátló tulajdonságokkal rendelkezik, és alacsony kalóriatartalmú. Mindezek miatt bármilyen diéta kiváló kiegészítője.

Evan's purple

Fő paraméterek

Gyümölcs színe: **lila;** Csírázás: **7-14 nap;** Érés: **75 nap;**
Determinált vagy nem determinált: **nem determinált;**
Hibrid / nyílt beporzású: **Nyílt beporzású**

Leírás

Az Evans Purple egy ritka és egyedülálló fajta, amely nemzedékeken át tartó öröklődés eredménye. Mélylila színéről és édes ízéről ismert, így népszerű választás a paradicsomtermesztők körében. A paradicsom jellemzően kicsi vagy közepes méretű, és enyhén lapított formájú, gazdag és összetett ízt ad, az édes és a savasság egyensúlyával. A növény nem determinált, és akár 2,5 méter magasra is megnőhet, így egy kicsit nagyobb kihívást jelent a termesztésük, mint más paradicsomfajták. Köztudott azonban, hogy ellenálló a betegségekkel szemben, így remek választás a szokatlan fajtát kereső paradicsomtermesztők számára.

Pear golden

Fő paraméterek

Gyümölcs színe: **sárga;** Csírázás: **7 - 21 nap;** Érés: **78 nap;**
Determinált vagy nem determinált: **nem determinált;**
Hibrid / nyílt beporzású: **Nyílt beporzású**

Leírás

A pear golden kiváló fajta, amely körte alakú terméséről és aranysárga színéről híres. Édes, lédús íze, alacsony savtartalma kiváló választás salátákhoz, frissen fogyasztva, vagy egyedi formája miatt tartósításra. A növények általában körülbelül 1 méter magasra nőnek, és köztudottan ellenállóak a betegségekkel, és jó hozamot produkálnak. Ez a fajta paradicsom kiváló lehetőség a konténeres kertészethez is. Vonzó és ízes gyümölcseivel a pear golden paradicsom bármely kert elragadó kiegészítője lehet.

Sweet ildi

Fő paraméterek

Gyümölcs színe: **sárga;** Csírázás: **7 - 21 nap;** Érés: **53;**
Determinált vagy nem determinált: **nem determinált;**
Hibrid / nyílt beporzású: **Nyílt beporzású**

Leírás

A sweet ildi egy nyílt beporzású fajta, egyedi ízekkel és színnel. Kis méretű, enyhén lapított formájú és édes, nagyra értékelt ínyenc fajta. Kiválóan alkalmas salátákhoz és frissen fogyasztásra. A növény nem determinált, és akár 1,5 méter magasra is megnőhetnek, így termesztésük nagyobb kihívást jelenthet, mint más paradicsomokét. Ellenállnak a betegségeknek, és nagyszerű kiegészítői minden kertnek!

A sweet ildi másik változata, a yellow egy korai fajta. Ez a determinált fajta kompakt növekedéssel rendelkezik, és nagy fürtöket hoz létre jó terméssel. Ezenkívül betegség-ellenálló és toleráns a különböző időjárási viszonyokkal szemben, így kiváló választás házi kertészkedéshez és kisüzemi termeléshez. A sweet ildi yellow paradicsom tökéletes választás friss ételekhez, salátákhoz, szendvicsekhez és főzéshez. Sokoldalúságuk révén bármely konyha remek kiegészítője lehet.

Isis candy cherry

Fő paraméterek

Gyümölcs színe: **sárga**; Csírázás: **7 - 21 nap**; Érés: **65 nap**;
Determinált vagy nem determinált: **nem determinált**;
Hibrid / nyílt beporzású: **Nyílt beporzású**

Leírás

Egészséges cukornak is nevezik! A gyerekek nem tudnak ellenállni e finom paradicsom édes és gyümölcsös ízének! Ezek az elragadó, kerek, egy 3 cm nagyságú gyümölcsök a mélyvöröstől az aranysárgáig sokféle színben pomáznak, és gyakran egyedi "macskaszem" vagy csillag látható a virág végén. Nemcsak a gyerekek kedvencei, de szépséget és ízt is kölcsönözhetnek a salátáknak. Ellenállhatatlan ízüknek köszönhetően szinte soha nem jut ételben való felhasználásig – aki kapja, marja! Egy igazán egyedi és ízletes fajta, ne hagyd ki!
[14], [15]

Juliet hybrid

Fő paraméterek

Gyümölcs színe: **piros;** Csírázás: **7 - 21 nap;** Érés: **60 nap;**
Determinált vagy nem determinált: **nem determinált;**
Hibrid / Nyílt beporzás: **Hibrid**

Leírás

Közismert, hogy az első megnyúlt, szőlőszerű, nem repedező terméseket hozza! A szokatlan, édes ízű gyümölcsfürtök hosszabb ideig tapadnak a növényhez, mint a legtöbb koktélparadicsom. A Juliet hybrid egy olyan hibrid paradicsom, amely magas hozamáról és betegségekkel szembeni ellenálló képességéről ismert. Mélyvörös színű, kicsi és közepes méretű. Sima és feszes héjú, így ideális friss fogyasztásra, valamint tartósításra és konzerválásra.

A növény rengeteg ízletes kis és közepes méretű gyümölcsöt terem. Betegségekkel szembeni ellenálló képességéről is ismert, mert kevésbé fogékony az olyan gyakori paradicsombetegségekre, mint a virágvégrothadás, a repedés és a paradicsom mozaikvírus vagy a levélfoltosodás.

A Juliet hybrid paradicsomot gyakran használják salátákban, szendvicsekben és szószokban. Édes és lédús ízének köszönhetően népszerű alapanyag a bruschetta készítéséhez is.

Összességében elmondható, hogy a Juliet hybrid paradicsom egy megbízható és magas hozamú fajta, amely alkalmas házikertekben és kereskedelmi mennyiségű termesztésre egyaránt. Kis mérete és betegségekkel szembeni ellenálló képessége miatt a paradicsomtermesztők körében népszerű.

Principe borghese

Fő paraméterek

Gyümölcs színe: **piros;** Csírázás: **7 - 21 nap;** Érés: **70 nap;**
Determinált vagy nem determinált: **determinált**
Hibrid / Nyílt beporzás: **Hibrid**

Leírás

Ebből a fajtából Olaszországban gyakran készítenek szárított paradicsomot. A szőlő alakú gyümölcs nagyon száraz, kevés magot tartalmaz. Gazdag paradicsom íze van, amely kiválóan alkalmas szószokhoz. Rengeteg gyümölcsfürtöt termel, amelyek ideálisak a friss piacokon történő értékesítéshez és különleges termékek készítéséhez. A principe borghese (egyenes fordításban polgári herceg) paradicsomot édes és lédús íze, valamint magas hozama miatt értékelik. Erőteljes termő, és nem ritka, hogy egyetlen növény több száz apró, cseresznye méretű paradicsomot terem. A paradicsom élénkvörös színű és kemény, mégis lágy textúrájú, így ideális választás szárításhoz, befőzéshez vagy mártásokhoz.

Édes és lédús íze mellett a principe borghese a konyhában való sokoldalúságáról is ismert. Különféle ételekhez használható, beleértve a salátákat, tésztaszószokat és pizzákat. A szárított paradicsom készítéséhez is kedvelt választás, mivel kis mérete és magas termése miatt egész évben könnyen tartósítható és élvezhető.

Összességében elmondható, hogy a Principe Borghese paradicsom egy magas hozamú és ízletes fajta, amely jól illeszkedik a házikertekhez és a kereskedelmi termeléshez is. Kis mérete és édes íze miatt népszerű választás a tartósításhoz és a különféle receptekben való felhasználáshoz.

Vernissage yellow

Fő paraméterek

Gyümölcs színe: **sárga;** Csírázás: **7 - 21 nap;** Érés: **75 nap;**
Determinált vagy nem determinált: **nem determinált;**
Hibrid / Nyílt beporzás: **Hibrid**

Leírás

A vernissage yellow (a vernisszázs francia eredetű szó, mely tipikusan festménykiállítások ünnepélyes megnyitójára utal) hibrid paradicsom, amelyet egyedülálló sárga színe és édes, lédús íze miatt értékelnek. Közepes méretű paradicsom, amely kerektől hosszúkásig terjed, héja sima, enyhén bordázott, a növény bőtermő, gyönyörű lombozattal [16].

A vernissage yellow paradicsom egyik legfontosabb jellemzője élénksárga színe, amely megkülönbözteti a többi paradicsomfajtától. A sárga szín a karotinoidok magas koncentrációjának eredménye, amelyek sok gyümölcsnek és zöldségnek sárga vagy narancssárga színt adnak.

A vernissage yellow paradicsom egyedi színe mellett édes, lédús ízéről is ismert. Ez egy nagy hozamú fajta, amely rengeteg közepes méretű gyümölcsöt hoz, amely tele van ízzel. A paradicsom ellenáll a szokásos paradicsombetegségeknek is, így népszerű választás a kertészek és a gazdálkodók körében.

Mama Leone

Fő paraméterek

Gyümölcs színe: **piros**; Csírázás: **7 - 21 nap**; Érés: **75 nap**;
Determinált vagy nem determinált: **nem determinált;**
Hibrid / nyílt beporzású: **Nyílt beporzású**

Leírás

A fajta Olaszországból származik, egy New York-ba (USA) bevándorolt családon keresztül. Ez a legideálisabb paradicsom sűrű, gazdag paradicsomszósz készítéséhez [17]. A hosszú, kövér paradicsom, amely éretten megpirul, látszólag az Amish Paste kisebb változatai. A Mama Leone igazán kellemes illatú!

Roma

Fő paraméterek

Gyümölcs színe: **piros**; Csírázás: **7 - 21 nap**; Érés: **75 nap**;
Determinált vagy nem determinált: **determinált**
Hibrid / nyílt beporzású: **Nyílt beporzású**

Leírás

A Roma a legismertebb paszta-kompatibilis paradicsom, ideális szószokhoz, tésztákhoz és ketchupokhoz. A ragyogó vörös, körte alakú, kevés maggal rendelkező gyümölcsök termése ízletes és húsos. A termés kemény húsú, alacsony nedvességtartalommal rendelkezik és kiváló ízű.

A Roma paradicsom kiválóan alkalmas főzéshez, mivel húsos a lehető legideális szószokhoz, salsákhoz és tésztákhoz. Szárításra is népszerű, mivel alacsony nedvességtartalma miatt jól szárad és megőrzi ízét.

Arkansas traveler

Fő paraméterek

Gyümölcs színe: **piros**; Csírázás: **7 - 21 nap**; Érés: **70 - 90 nap**; Determinált vagy nem determinált: **nem determinált**; Hibrid / nyílt beporzású: **Nyílt beporzású**

Leírás

Az Arkansas Egyetemen Joe McFerran fejlesztette ki. Az Arkansas Travelert (vagy arkansasi utazó) édes és lédús ízéért dicsérik. Ez egy közepes méretű paradicsom, sima, enyhén bordázott bőrrel, amelynek árnyalata rózsaszíntől halványvörösig terjed. Mivel a paradicsom a növekedési időszakban folyamatosan fejlődik és gyümölcsöt hoz, nem determinált fajtának tekintik.

A kártevőkkel és betegségekkel szembeni ellenálló képessége miatt az Arkansas traveler a gazdálkodók és a kertészek kedvence. A paradicsom jó választás forró, párás környezetben történő termesztéshez. Jó hírnevét onnan szerezte, hogy kiválóan tűri a kemény időjárási viszonyokat. Az Arkansas traveler paradicsomot általában frissen fogyasztják, és gyakran használják salátákban és szendvicsekben. Szintén kiváló alapanyag szószok és levesek készítéséhez, mivel gazdag és édes íze sokféle étel csodálatos kiegészítője. Összességében az Arkansas traveler sokoldalú és ízletes fajta, amely sok kertész és paradicsomrajongó kedvence.

Beauty

Fő paraméterek

Gyümölcs színe: **rózsaszín;** Csírázás: **7 - 21 nap;** Érés: **85 nap;**
Determinált vagy nem determinált: **nem determinált;**
Hibrid / nyílt beporzású: **Nyílt beporzású**

Leírás

A beauty (szépség) közepes méretű, hihetetlenül szapora, leveles növény, amely hatalmas számú, kissé lapos gyümölcsöt hoz, hatalmas lédús, nagyon édes, mégis tökéletesen kiegyensúlyozott savtartalommal a gazdag, árnyalt paradicsomos ízeket hozza. Az egyik kedvenc paradicsomom.

Belize pink heart

Fő paraméterek

Gyümölcs színe: **rózsaszín;** Csírázás: **7 - 21 nap;** Érés: **75 nap;**
Determinált vagy nem determinált: **nem determinált;**
Hibrid / nyílt beporzású: **Nyílt beporzású**

Leírás

Ezt a fajtát Belize városában egy piacon fedezték fel, ahogy a neve is sugallja (míg a pink heart rózsaszín szívet jelent). Ennek a robusztus növénynek kötözésre vagy karózásra van szüksége. A húsos gyümölcsök ragyogó rózsaszínűek, nagyon vékony héjjal. Átlagos tömegük 300 gramm [18].

A Belize pink heart paradicsom nyílt beporzású paradicsomtípus, amely hatalmas méretéről, finom húsáról és szív alakú megjelenéséről híres. Termései gyakran ragyogó rózsaszín színűek, és édes, kissé savas ízük van, amelyet az otthoni szakácsok és a kertészek egyaránt nagyra értékelnek. A Belize pink heart nem determinált, ami azt jelenti, hogy az első kemény fagyig tovább nő és terem. Így népszerű választás azon kertészek számára, akik hosszú ideig szeretnének friss paradicsomot termelni.

A Belize pink heart paradicsom betegségekkel szembeni ellenálló képességéről is ismert, így népszerű választás a kertészek számára, akik egészséges, termékeny növényeket szeretnének fenntartani különösebb odafigyelés és extra költségek nélkül.

Carmello

Fő paraméterek

Gyümölcs színe: **rózsaszín**; Csírázás: **7 - 21 nap**; Érés: **70 nap**;
Determinált vagy nem determinált: **nem determinált**;
Hibrid / Nyílt beporzás: **Hibrid**

Leírás

A Carmello íze napokig kitart! Ez a kiváló paradicsom erős, egyforma növényeken nagy gömb alakú gyümölcsfürtöket hoz. Egy ilyen korai hibrid paradicsomnál nagyon figyelemre méltó a nagy termés és határozott íze. Minden kategóriában kiváló: íz, termelékenység és tartósság. Íze a paradicsom tiszta esszenciája, az édesség és a savasság csodálatos keveréke. A nem determinált növények betegségekkel szembeni ellenálló képessége magas. Immunis a gombásodások és a Verticillium és a Fusarium hervadással szemben is [19], [20].

Early wonder

Fő paraméterek

Gyümölcs színe: **rózsaszín;** Csírázás: **7 - 21 nap;** Érés: **54 nap;**
Determinált vagy nem determinált: **determinált**
Hibrid / nyílt beporzású: **Nyílt beporzású**

Leírás

Ezt a fajtát 1950-ben vezette be a Burgess Seed and Plant Co. Az early wonder (avagy korai csoda) extra korai érésű és kompakt fajta, amely rengeteg gömb alakú, rózsaszín, ízletes gyümölcsöt terem. Az északabbra élők, árnyékos területen vagy rövid évszakos éghajlaton élő kertészek imádni fogják. Fantasztikus választás konténeres kertészethez. Mérete nem túl nagy, gyakran rendkívül édes.

Golden sunray

Fő paraméterek

Gyümölcs színe: **narancs;** Csírázás: **7 - 21 nap;** Érés: **75 - 110 nap;**

Determinált vagy nem determinált: **nem determinált;**

Hibrid / Nyílt beporzás: **Hibrid**

Leírás

A golden sunray (aranyló napsugár) egy szép narancssárga fajta az Egyesült Államokból. A körülbelül 200 g-os narancssárga, gömb alakú paradicsom akár 2 méter magasra is megnő. Gyümölcse húsos és zamatos, édes-savanyú egyensúlyáról híres. Friss fogyasztásra kiválóan alkalmas, ízletes, színt ad a salátáknak, de jól főzhető és szószok készítésére is felhasználható.

Green zebra

Fő paraméterek

Gyümölcs színe: **zöld, világoszöld csíkokkal;** Csírázás: **7 - 21 nap; Érés: 78 nap;**

Determinált vagy nem determinált: **nem determinált;**

Hibrid / nyílt beporzású: **Nyílt beporzású**

Leírás

A green zebra (zöld zebra) egy olyan paradicsomfajta, amelyet jellegzetes, zöld csíkos megjelenéséért és savas, édes ízéért dicsérnek. A green zebra mérete a közepestől az apróig terjed, kissé lapított formájú, a csíkok körkörösek és sárgászöld színűek. A green zebra paradicsom savanykás-édes íze és tetszetős, zöld csíkos megjelenése miatt ideális friss étkezésre, így salátákban, szendvicsekben, valamint nassolni válóban is kiemelkedik. A konyhában is népszerű, ahol savas íze kiegészíti a szószokat, salsákat és más ételeket.

A green zebra nem determinált, a fajta az első fagyokig tovább nő és gyümölcsöt hoz.

Marglobe

Fő paraméterek

Gyümölcs színe: **piros;** Csírázás: **7 - 21 nap;** Érés: **72 nap;**
Determinált vagy nem determinált: **determinált**
Hibrid / nyílt beporzású: **Nyílt beporzású**

Leírás

Ez a sokoldalú, ízletes régi kedvenc nagyszerű gömb alakú gyümölcsöket ad. A nagy gyümölcsök egyenletesek, finomak és vastag falúak.

A Marglobe paradicsom számos főzési célra alkalmas, beleértve a szószokat, pörkölteket és salsákat. Konzerválásra és tartósításra is népszerű, mivel nagy mérete és kemény húsa miatt könnyen kezelhető és feldolgozható.

Siberia

Fő paraméterek

Gyümölcs színe: **piros;** Csírázás: **7 - 21 nap;** Érés: **50 nap;**
Determinált vagy nem determinált: **determinált**
Hibrid / nyílt beporzású: **Nyílt beporzású**

Leírás

A Siberia (Szibéria) fajtát nagyra értékelik hidegtűrő képessége és hűvösebb éghajlaton való növekedése miatt. Ellentétben sok paradicsomfajtával, amelyek melegkedvelő növények, a Siberia paradicsom képes ellenállni a hidegebb hőmérsékleteknek, és rövidebb tenyészidejű régiókban is termeszthető, szupergyors érési idővel rendelkezik. Népszerű választás azon kertészek körében, akik hűvösebb éghajlaton élnek vagy csak árnyékos hellyel rendelkeznek és szeretnének paradicsomot termeszteni anélkül, hogy fűtött üvegházakat kellene használniuk.

A szibériai paradicsom szokatlanul a szezon elején terem, mivel olyan hideg hőmérsékleten képes gyümölcsöt teremni, ahol más fajták nem. Termése élénkvörös és gömb alakú, darabonként legfeljebb 150 gramm súlyú.

A Siberiát Ron Driskill, a kanadai calgaryi Jack James Középiskola kertészeti tanára fedezte fel egy helyi óvodában. Az óvónő közölte vele, hogy 1975-ben egy, a Szovjetunióból Kanadába látogató nő elment az üvegház mellett, és adott neki 10 palántát. A titokzatos nő közölte velük, hogy a fajtát most Szibériában tesztelik.

Mr. Driskill meglátta a benne rejlő lehetőségeket, és a fajta terjesztője lett az északi kertészek körében [21].

Tigerella

Fő paraméterek

Gyümölcs színe: **Vörös árnyalat, sárga csíkokkal;** Csírázás: **7 - 21 nap;** Érés: **70 nap;**

Determinált vagy nem determinált: **nem determinált;**

Hibrid / nyílt beporzású: **Nyílt beporzású**

Leírás

A tigerella, amelyet gyakran tigrisnek is neveznek, egy olyan paradicsomfajta, amelyet szokatlan megjelenéséért és kellemes ízéért dicsérnek. A tigerella paradicsom közepes méretű és gömb alakú. Élénk vörös árnyalata és sárga csíkjai különböztetik meg a többi fajtától, amelyek feltűnő tigrisszerű megjelenést kölcsönöznek a gyümölcsnek, innen a "tigerella" elnevezés.

A tigerella paradicsom húsa kemény és lédús, édes és enyhén csípős ízű. Ideális frissen fogyasztva, mivel édes és lédús íze kiegészíti a salátákat, szendvicseket valamint a nasikat és rágcsálnivalókat. A konyhában is népszerű, ahol jól kiegészíti a szószokat, pörkölteket és más ételeket. Nálunk ritkán kerül a konyhaasztalra, mivel ez a kisebbik (jelen sorok írásakor 4 éves) lányom kedvence, ő már február környékén intenzív lobbitevékenységet folytat a minél több tigerella mag ültetése mellett.

Violet Jasper

Fő paraméterek

Gyümölcs színe: **lilás piros, zöld csíkokkal;** Csírázás: **7 - 21 nap;** Érés: **78 nap;**

Determinált vagy nem determinált: **nem determinált;**

Hibrid / nyílt beporzású: **Nyílt beporzású**

Leírás

A violet Jasper egy egyedülálló kínai fajta, melyet a bolgár Hristo Hristov mutatott be a Seed Savers 2009 évkönyvben. A magvak hatalmas, robusztus, szabályos levelű növényekké nőnek, amelyek ékszerszerű, sima, lilásvörös paradicsomfürtöket hoznak létre zöld csíkokkal és sötétlila vörös hússal. Ez az egyedülálló fajta számomra inkább dekoratív értéke, mint íze miatt vonzó. Rendkívül ritka paradicsom [22].

Black Krim

Fő paraméterek
Gyümölcs színe: **Sötétvörös-lila;** Csírázás: **7-14 nap;** Érés: **70 - 90 nap;**
Determinált vagy nem determinált: **nem determinált;**
Hibrid / nyílt beporzású: **Nyílt beporzású**

Leírás
A Black Crimea (krími fekete) néven is ismert svéd Lars Olov Rosenstrom mutatta be. Eredetileg a Fekete-tenger Krím félszigetéről származik. A beefsteak jellegű termések az ibolya-barna és a lila-vörös szokatlan keveréke – elegendő napsütéssel és meleggel gyakorlatilag feketévé válnak.

Az egyik legjobb fajta a gazdag és édes íze miatt. Paradicsom íztesztteken folyamatosan jól szerepel. Nagyon lédús. Hatalmas gyümölcsökkel rendelkező nyílt beporzású fajta, íze miatt Európában és az USA nyugati parti piacain is elterjedt, és sok híres szakács kedvence.

Costoluto Florentino

Fő paraméterek

Gyümölcs színe: **piros;** Csírázás: **7 - 21 nap;** Érés: **80 nap;**
Determinált vagy nem determinált: **nem determinált;**
Hibrid / nyílt beporzású: **Nyílt beporzású**

Leírás

A costoluto (bordázott) kifejezés több nyílt beporzású olasz fajta lapított, erősen bordázott formáját jelöli. Ez a gyönyörű fajta Firenzéből (Fiorentino) származik, lenyűgöző a koraérett, élénk bíbor színe. A gyümölcs szeletelve zamatos és ízletes, de lassan pörkölve vagy gazdag mártássá redukálva ragyogó ízeket produkál.

Ez a fajta friss étkezésre és főzésre egyaránt kiváló. Édes és lédús íze remek kiegészítője salátáknak, szendvicseknek. Ugyanakkor szószoknak, pörkölteknek és egyéb ételeknek is kiváló alapanyaga.

Chocorella

Fő paraméterek

Gyümölcs színe: **csokoládébarna-vörös**; Csírázás: **7 - 21 nap**;

Érés: 75 ;

Determinált vagy nem determinált: **nem determinált;**

Hibrid / nyílt beporzású: **Nyílt beporzású**

Leírás

A Chocorella (csokoládé) egy nyílt beporzású paradicsom, amelyet jellegzetes csokoládébarna színéről és nagyszerű ízéről ismerhető fel. Ennek a paradicsomnak a mérete a közepestől a nagyig terjed, és gömb alakú vagy kissé lapított formával rendelkezik.

A Chocorella paradicsom dús, sötétbarna héjú, kissé érdes szerkezetű. A hús lédús, édes és ízletes, enyhe csípős ízű.

Ez a fajta nyers fogyasztásra és főzésre egyaránt alkalmas. Különleges ízprofilja kiegészíti a salátákat, szendvicseket és rágcsálnivalókat, és jól használható mártásokban, pörköltekben és más ételekben is.

Franchi red pear

Fő paraméterek

Gyümölcs színe: **piros;** Csírázás: **7 - 21 nap;** Érés: **85 nap;**
Determinált vagy nem determinált: **nem determinált;**
Hibrid / nyílt beporzású: **Nyílt beporzású**

Leírás

A Franchi valószínűleg a világ legrégebbi vetőmagokkal
foglalkozó családi vállalkozása. Története 1783-ig nyúlik vissza
– abban az évben, amikor a Montgolfier fivérek először szálltak
fel Párizsban hőlégballonjukkal, és amikor Mozart megírta első
oratóriumát. 220 éves termesztési és nemesítési tapasztalat
tükröződik minden Franchi Sementi termékben.

Ez a paradicsom kiváló minőségű, zamatos, körte alakú,
függőleges bordákkal, melyet igazán érdemes kipróbálni.
Termése húsos, nagyon kevés maggal.

Santorini

Fő paraméterek

Gyümölcs színe: **piros;** Csírázás: **5 - 10 nap;** Érés: **80 nap;**
Determinált vagy nem determinált: **nem determinált;**
Hibrid / nyílt beporzású: **Nyílt beporzású**

Leírás

A hagyományos paradicsomnak általában nincs érdekes háttere, de a Santorini paradicsomnak igen. Az egész 1917-ben kezdődött, amikor az orosz forradalom az ország ortodox templomainak többségét bezárta. Akkoriban a görög vulkáni eredetű Szantorini sziget új dilemmával szembesült: a görög szantorini szerzetesek által készített bor fő vásárlói az orosz egyházak voltak. A kereskedők felismerve, hogy új pénztermésre van szükség, váratlan forráshoz folyamodtak: a szantorini paradicsomhoz, amely végül jövedelmező vállalkozásnak bizonyult.

1818-ban egy apát koktélparadicsomot importált a görög szigetre. Az 1900-as évek elejére a görögországi Santoriniben több mint 20 000 hektár paradicsomot termesztettek. A Santorini paradicsom hivatalos eredetmegjelöléssel rendelkezik, és 2013 óta védett.

A Santorini koktélparadicsomok aprók, gömb alakúak és kissé laposak, gazdag vörös árnyalatúak.

Szakértők szerint a Santorini koktélparadicsom a világ likopinban leggazdagabb paradicsoma, ez adja a paradicsom különleges ízét [23].

Definíciók

Determinált paradicsom

A determinált paradicsomnövény meghatározott méretűre nő, és viszonylag rövid idő alatt termi az összes gyümölcsét. A determinált paradicsom általában bokros és sűrű, így ideális konténerekben vagy kis kertekben való termesztésre is.

A determinált paradicsomok egyik legmegkülönböztetőbb tulajdonsága a konzisztens növekedési mintázat. A determinált fajták elérnek egy bizonyos magasságot, majd megállnak a növekedésben. A termés általában egyszerre jelenik meg rajtuk, így ideálisak befőzésre, tartósításra és konzerválásra, valamint kereskedelmi célokra.

Nem determinált paradicsom

A nem determinált paradicsom olyan paradicsomnövény, amely a növekedési időszakban folyamatosan nő és terem. A nem determinál paradicsom jobban terjeszkedik, és több helyet igényel a növekedéshez, de hosszabb ideig hoz gyümölcsöt.

Nyílt beporzású paradicsom

A nyílt beporzású paradicsom olyan paradicsomnövény, amelyet nem hibrid vagy génmódosított magvakból, hanem természetes beporzással előállított magokból fejlesztettek ki. A nyílt beporzású magok évről évre szedhetők és újraültethetők, a belőlük fejlődő növények megjelenésében, növekedési szokásában és ízében az anyanövényével azonos termést hoznak.

A nyílt beporzású paradicsom egyik fő előnye, hogy gyakran jól alkalmazkodik a helyi termesztési körülményekhez. Ennek az az oka, hogy a nyílt beporzás lehetővé teszi a növények számára, hogy idővel megváltozzanak és alkalmazkodjanak egyéni környezetükhöz. Ez erősebb, betegségekkel szemben ellenállóbb és a helyi növekedési körülményekhez jobban alkalmazkodó növényeket eredményezhet.

A nyílt beporzású paradicsom másik előnye, hogy gyakran gazdag, árnyalt ízű, amit a kertészek és a hobbi termesztők egyaránt nagyra értékelnek. Ez annak a ténynek köszönhető, hogy a nyílt beporzás lehetővé teszi a növény számára, hogy kialakítsa saját egyedi ízjellegét, ellentétben a hibrid fajták egységes ízével.

Hibrid paradicsom

A hibrid paradicsom egy olyan paradicsomnövény, amelyet két különböző paradicsomfaj keresztbeporzásával hoznak létre. Ezeknek a növényeknek a hibrid magvaknak nevezett utódai olyan növényeket eredményeznek, amelyek mindkét szülőnövénytől származó tulajdonságokkal rendelkeznek, például méret, forma, szín és íz.

A hibrid paradicsom egyik fő előnye, hogy növekedési szokásai, terméseredménye és betegségekkel szembeni ellenállása gyakran egységesebb és kiszámíthatóbb. Ennek eredményeként jól alkalmazhatók a kereskedelmi mezőgazdaságban, ahol a konzisztencia és a magas hozam különösen fontos.

A hibrid paradicsom másik előnye, hogy gyakran jobb a betegségekkel szembeni ellenálló képessége, valamint ellenállóbbak az olyan környezeti terhelésekkel szemben, mint a hő, a hideg és a szárazság.

Ajánlott irodalom

Miközben paradicsomtermesztésbe kezdtem, több kertészeti és paradicsomtermesztési könyvet is átböngésztem. Néhány kedvenc paradicsomos könyvem:

- Craig LeHoullier: „Epic Tomatoes" [24] ajándéknak is kiváló, garantáltan nem fog csalódást okozni! Egy kezdő kertész számára ez a könyv tökéletes forrás, hogy ihletet merítsen és megtanulja a szükséges technikákat. Nekem, néhány éves tapasztalattal rendelkező kertésznek ez a könyv újra és újra beindította a fantáziámat és boldogan használom a következő szezonra készüléskor.

- Mary Verdant: „Tomato Container Gardening: 7 Easy Steps to Healthy Harvests from Small Spaces" (konténeres kertészkedés: 7 egyszerű lépés az egészséges betakarításhoz kis helyekről) [25] - ez a könyv amely részletesen bemutatja, hogyan lehet nagyon kis helyen sikeresen paradicsomot termeszteni.

- William Alexander: „Ten Tomatoes that Changed the World: A History" (Tíz paradicsom, amely megváltoztatta a világot: a történelem) [26] valóban mesés olvasmány minden kertészkedő számára. Ha szereted a paradicsomot, vagy csak a történelmet, biztosan tetszeni fog ez a könyv.

Néhány további ajánlott irodalom: „Tomato: 80 Recipes Celebrating the Extraordinary Tomato" (Paradicsom: 80 recept amelyekkel a rendkívüli növényt, a paradicsomot ünnepelheted) [27], „The Heirloom Tomato: From Garden to Table: Recipes, Portraits, and History of the World's Most Beautiful Fruit" (Az örökölt paradicsom: kerttől asztalig: peceptek, portrék és a világ legszebb gyümölcsének története) [28] vagy a „Tomato Grower's Answer Book" (A paradicsomtermesztők válaszkönyve) [29].

Hivatkozások

[1] "Keeping Tomatoes Healthy in Hot Weather | Growing Franklin," 2019. https://u.osu.edu/growingfranklin/2019/07/16/keeping-tomatoes-healthy-in-hot-weather/comment-page-1/ (accessed Feb. 05, 2023).

[2] Tomato Dirt, "Shading Tomatoes: Reduce Their Stress, Keep Them Going in the Heat," *Tomato Dirt*. http://www.tomatodirt.com/shading-tomatoes.html (accessed Feb. 05, 2023).

[3] Bountiful Gardener, "Will Tomatoes Grow in Shade? – Bountiful Gardener," 2023. https://www.bountifulgardener.com/will-tomatoes-grow-in-shade/ (accessed Feb. 05, 2023).

[4] "Best Tomatoes For Shade – Learn About Shade Tolerant Tomato Varieties," *Gardening Know How*. https://www.gardeningknowhow.com/edible/vegetables/tomato/growing-tomatoes-in-shade.htm (accessed Jan. 19, 2023).

[5] "Is a Tomato a Fruit or a Vegetable and Why?," 2020. https://www.eufic.org/en/healthy-living/article/is-a-tomato-a-fruit-or-a-vegetable-and-why (accessed Feb. 11, 2023).

[6] J. A. T. Pennington and R. A. Fisher, "Classification of fruits and vegetables," *Journal of Food Composition and Analysis*, vol. 22, pp. S23–S31, Dec. 2009, doi: 10.1016/j.jfca.2008.11.012.

[7] Pomidorlandia, "Tomatoes, Peppers, Seeds - Pomidorlandia.pl," 2023. https://pomidorlandia.pl/en/ (accessed Feb. 11, 2023).

[8] Totally Tomatoes, "Totally Tomatoes: Tomatoes, Peppers, Vegetables & More," 2023. https://www.totallytomato.com/ (accessed Feb. 11, 2023).

[9] Jung Seed, "Jung Seed: Vegetable Seed, Flower Seed, and Garden Supplies," 2023. https://www.jungseed.com/ (accessed Feb. 11, 2023).

[10] Baker Creek, "Rare Heirloom Seeds| Baker Creek Heirloom Seeds," 2023. https://www.rareseeds.com/ (accessed Feb. 11, 2023).

[11] J. Chan, "T&T Seeds," *T&T Seeds*, 2023. https://ttseeds.com/ (accessed Feb. 11, 2023).

[12] "Paradicsomtermesztő csoport | Facebook," 2023. https://www.facebook.com/groups/1617961958523992 (accessed Feb. 11, 2023).

[13] "How Volcanic Soil Gives Us Tomatoes Primed For Neapolitan Pizza Glory," *Atlas Obscura.* https://www.atlasobscura.com/foods/ san-marzano-tomatoes (accessed Jan. 30, 2023).

[14] "Isis Candy Cherry Tomato," *Seed Savers Exchange.* https://www.seedsavers.org/ isis-candy-tomato (accessed Jan. 28, 2023).

[15] "Isis Candy Cherry Tomato," Nov. 13, 2022. https://www.rareseeds.com/ isis-candy-cherry-tomato (accessed Jan. 28, 2023).

[16] A. R, "17 Unique Tomato Varieties That Grow In Shade," *KitchenCuddle,* 2023. https://kitchencuddle.com/tomato-varieties-that- grow-in-shade/ (accessed Feb. 11, 2023).

[17] Tomato Growers Supply Company, "Mama Leone Tomato," *Tomato Growers Supply Company,* 2023. https://tomatogrowers.com/products/ mama-leone (accessed Feb. 11, 2023).

[18] Pomidorlandia, "Belize Pink Heart - Seeds: Tomatoes Tomatoes, Peppers, Seeds - Pomidorlandia.pl," 2023. https://pomidorlandia.pl/ en/produkt/2360/belize-pink-heart (accessed Feb. 11, 2023).

[19] White Flower Farm, "Tomato 'Carmello,'" *White Flower Farm,* 2023.

https://www.whiteflowerfarm.com/
4860-product.html (accessed Feb. 11, 2023).

[20] Territorial Seed, "Carmello Tomato Seed," *Territorial Seed*, 2023. https://territorialseed.com/products/tomato-carmello (accessed Feb. 11, 2023).

[21] Victory Seed Company, "Siberia Tomato - Heirloom, Open-Pollinated, non-Hybrid Victory Seeds®," *Victory Seed Company*, 2023. https://victoryseeds.com/products/siberia-tomato (accessed Feb. 11, 2023).

[22] TomatoFest, "Violet Jasper Organic Tomato Seeds | TomatoFest," *www.tomatofest.com*, 2023. https://www.tomatofest.com/product_p/tf-0513e1.htm (accessed Feb. 11, 2023).

[23] A. Bree, "The Santorini Tomato - Minneopa Orchards," Apr. 19, 2022. https://minnetonkaorchards.com/santorini-tomato/ (accessed Feb. 11, 2023).

[24] C. LeHoullier, *Epic tomatoes: how to select & grow the best varieties of all time*. North Adams, MA: Storey Publishing, 2015.

[25] M. Verdant, *Tomato Container Gardening: 7 Easy Steps To Healthy Harvests from Small Spaces*. 2012.

[26] W. Alexander, *Ten tomatoes that changed the world: a history*, First edition. New York: Grand Central Publishing, 2022.

[27] C. Thomson, *Tomato: 80 recipes celebrating the extraordinary tomato*. London: Quadrille, an imprint of Hardie Grant Publishing, 2022.

[28] A. Goldman and V. Schrager, *The heirloom tomato: from garden to table: recipes, portraits, and history of the world's most beautiful fruit*, 1st U.S. ed. New York: Bloomsbury: Distributed to the trade by Macmillan, 2008.

[29] S. Albert, *Tomato grower's answer book*. Kenwood, CA: Green Wagon Books, 2019.

www.ingramcontent.com/pod-product-compliance
Lightning Source LLC
Chambersburg PA
CBHW031428160726
47993CB00003B/1448